AF380705

HEDEFLERE GÖRE YÖNETIM

Çalışanlarınızdan en iyi verimi almak

HEDEFLERE GÖRE YÖNETIM

Çalışanlarınızdan en iyi verimi almak

tarafından yazılmıştır Renaud de Harlez
tarafından çevrildi Baris Şahin

HEDEFLERE GÖRE YÖNETİM

- **İsim** Hedeflere göre yönetim (MBO), Proje Yönetimi, sonuçlara göre yönetim

- **Kullanım Alanları:** Model iş dünyasında İnsan Kaynakları yöneticileri, satış yöneticileri, operasyonel yöneticiler, proje yöneticileri, iç ve dış danışmanlar vb. tarafından kullanılır. Örneğin, şunları sağlar:

  - Yöneticiler, işletme içindeki gelecek görevler için kesin hedefler belirler, sonuçları analiz eder ve performansa göre ödüller verir;

  - Çalışma arkadaşlarının kendilerine performans hedefleri koymaları.

- **Neden başarılıdır?** Bu yönetim tarzı etkilidir çünkü yöneticilerin çalışanlarla müzakere etmeleri, bir eylem planı oluşturmaları ve ulaşılması gereken hedefleri belirlemeleri için bir çerçeve sağlar. Şirketin tüm hiyerarşisine açıklık getirir. Ayrıca, bir çalışan daha karmaşık hedefler konusunda kendisine güvenilmesini kabul ettiğinde, bu sistem daha basit hedefler verilenlere kıyasla daha üstün bir performans düzeyine yol açar.

- **Anahtar kelimeler:** Yönetim, hedefler, yönetim teknikleri

Hedeflere göre yönetim, ekonomik büyüme bağlamında ortaya çıkmıştır. Önceleri kötü bir şekilde örgütlenmiş olan pek çok Amerikan şirketi 1950'lerden bu yana genişleme ve merkezden uzaklaşma sürecine girmiştir. Bu da yapılarının yeniden düşünülmesini gerektirmektedir.

MBO süreci Peter Drucker (Avusturyalı-Amerikalı yönetim teorisyeni, 1909-2005) tarafından General Motors gibi şirketlerin organizasyonunu gözlemlerken oluşturulmuştur. Drucker, 1954 yılında *The Practice of Management (Yönetim Uygulaması)* adlı eserini yayınlamıştır. Bölümlerden biri olan *Hedeflerle Yönetim ve Özdenetim*, modelin ilk tanımını sağlar. On beş yıl sonra, John Humble (İngiliz bir danışman) bir MBO yöntemi sunarak modele katkısını ekledi.

Son olarak Octave Géliner (Fransız ekonomist, 1916-2004) kendi MBO versiyonunu sunmuştur: Hedeflerle Katılımcı Yönetim. Üç unsura dayanır; hedeflerin bilinmesi, yapı ve katılım prosedürleri. MBO artık yeni bir biçim almış ve sadece organizasyon için değil, yönetim için de bir sistem haline gelmiştir.

 ## TANIM

Hedeflere göre yönetim (MBO), yönetim ve çalışanların hedefleri tanımladığı ve bunlara ulaşmak için gereken eylem ve son tarihleri müzakere ettiği bir süreçtir.

MBO, yöneticilerin çalışanlarla müzakere için bir çerçeve oluşturmaları için mevcut bir araçtır. Bir kuruluşun performansını artırmak, kolektif hedefleri spesifik ve kesin hedeflere dönüştürmek için tasarlanmıştır, bu da hem organizasyonel birime hem de bireysel çalışanlara fayda sağlar. Sonuçlar düzenli olarak gözden geçirilir ve bireyler buna göre ödüllendirilir. MBO, çalışanların kendi işlerini kendilerine uygun bir şekilde organize etmelerinde sorumluluk almalarına izin verdiği için bu, çalışanları güçlendiren tek yönetim sürecidir. Çalışanlar hedeflerinin belirlenmesinde rol aldıklarında daha fazla motive olurlar ve hedeflerine ulaştıklarından emin olurlar.

KAVRAMIN TEORİSİ

KİM KULLANIYOR?

Yöneticilerden üst düzey yöneticilere kadar (pazarlama, finans ve insan kaynakları gibi farklı yönetim sektörlerinde), yönetim pozisyonunda olan herkes kendi organizasyonlarında hedeflere göre yönetimi kurabilir. Daha önce de belirtildiği gibi MBO, yönetim ve çalışanların hedefleri birlikte tanımladıkları ve sonuçlara ulaşmak için gerekli araçları ve son tarihleri müzakere ettikleri bir süreçtir.

Peter Drucker'ın çalışmalarından ortaya çıkan MBO ve kullanımı, onu kavramsallaştıran yazara göre önemli ölçüde değişmektedir.

İki versiyon oluşturulmuştur:

- MBO, finansal hedeflere odaklanan 'teknokratik' bir şekilde yorumlanabilir. Her şey satış gelirlerine, maliyetlere veya bütçelere odaklanır. Her departman kendi sayısal hedeflerini belirler. Bu hedeflerden birine ulaşılamadığında, diğer hedefler tehlikeye atılmadan suç yöneticilere – bu durumda yöneticilere ve MBO'nun genel yönüne – yüklenir. Örneğin, bunlar bütçe hazırlanırken belirlenebilir: Her departman, belirli bir süre içinde (örneğin üç ayda bir) gözden geçirilecek olan kendi kesin hedeflerini belirleyebilir.

- MBO'nun ikinci versiyonu yönetsel ilişkilere odaklanır. Yöneticiler ve çalışanlar arasında resmileştirilmiş bir düzenleme oluşturmayı içerir. Bu bağlamda MBO ile ilgili zorluk, hedef belirlememesi ve hatta genel bir plan sunmamasıdır. Bu iki faktör daha çok yönetici ve çalışanlar arasında yürütülen çalışmaları değerlendirmek için bir temel oluşturur. Bu durumda MBO uygulaması, kesin hedeflerin gerekli olmadığı insan kaynakları gibi sektörler için ayrılmıştır. Görüşmeler (karşılıklı olarak organize edilen), özellikle çalışan hedeflerini ve işletmenin küresel stratejisi ve başlangıç vizyonu göz önüne alındığında mutlaka belirlenmemiş hedefleri tartışmak için zaman içerir. Bunlar çalışanların zayıf ve güçlü noktalarına göre belirlenir. Her şey iletişime bağlıdır.

HANGİ SÜRÜMÜ KULLANMALIYIM?

Finansal planlamayı mı yoksa yönetim ilişkilerini mi tercih etmelisiniz? Bu iki versiyon uyumlu değilse, bunları aynı anda uygulamak zordur. Her şeyden önce, MBO katılımcılar – yöneticiler, baş yöneticiler ve genel müdürler – için uygulamaya konulan bir araçtır. MBO'nun en uygun versiyonunu seçmek bu kişilere bağlıdır.

MBO programı nedir?

Hedeflere göre yönetim programını oluşturan dört ana bileşen vardır:

- (A) özel hedeflerin doğrulanması
- (B) katılımcı karar alma

- (C) başlangıçtan itibaren belirlenen bir zaman çerçevesi

- (D) performans hakkında geri bildirim.

Örnek olarak, faaliyetlerini genişletmek isteyen bir işletmeyi ele alalım.

- Bu hedefe ulaşmak için spesifik ve kesin hedefler belirlenmelidir (A). Örneğin bir havaalanı, yıl içinde biniş kapılarının sayısını 12'den 14'e çıkarmak amacıyla müşteri sayısını %3,5 oranında artırmak için neyin gerekli olduğunu belirlemek için MBO programını kullanabilir. Ayrıca yeni binalar satın alarak ve eski uçaklarından beşini yenileyerek kargo işini nasıl yeniden başlatacağını da planlayabilir.

- Karar alma süreci katılımcı olmalıdır (B). Havalimanının farklı departmanlarından yöneticiler, hangi hedeflerin belirleneceğine ve bu hedeflere ulaşmak için gereken zaman dilimine birlikte karar vermelidir.

- Yöneticiler, belirledikleri hedefler için bunun üç yıl süreceğini tahmin etmektedir. Bu nedenle zaman çerçevesi en baştan belirlenmiştir.

- Son olarak, bu program için hedeflere ilişkin bir performans değerlendirmesi (D) planlanması gerekmektedir. Havalimanı müdürleri, departmanlarındaki çalışanların ilerlemeleri hakkında yöneticilerle toplantılar düzenleyecektir. Bu sadece hedeflere ulaşılması için belirlenen zaman diliminin sonunda yapılır. Yöneticiler ve çalışanlar, çabalarını ölçmek ve kontrol etmek için düzenli olarak kesin hedefler belirlemelidir.

Geri bildirim toplantıları, programın ilerlemesini analiz ettikten ve yöneticilerin ve astlarının görüşlerini aldıktan sonra düzenlenir. Geri bildirim toplantılarında ödüller de verilebilir.

BU SİSTEM GERÇEKTEN ETKİLİ Mİ?

Bu sorunun basit bir cevabı yoktur. Bazı yayınlar MBO modelini desteklememektedir. Bununla birlikte, çoğunluk şu ifadeye katılmaktadır: MBO uygulaması bazı durumlarda çalışan performansı üzerinde olumlu bir etkiye sahip olabilir.

Çalışanların belirlenen hedefleri kabul etmeleri çok önemlidir. Eğer katılıyorlarsa, daha yüksek hedefler belirlemek her zaman daha kolay hedeflere sahip olanlardan daha iyi bir performansa yol açacaktır. Hedefleri kabul eden çalışanlar bunları her zaman yerine getirmese bile, performans düzeyleri yine de daha yüksektir. Bu sonucu elde etmek için üç faktör göz önünde bulundurulmalıdır:

- **Geri bildirimin önemi.** Performansı artırmak için, ilgili kişiye doğru zamanda etkili geri bildirim verilmelidir. Birey tarafından gösterilen çabaları ölçmenize ve fark etmenize, aynı zamanda hedeflerin zorluk seviyesini – çok yüksek veya çok düşük – ayarlamanıza olanak tanır.

- **Katılımcılık.** Belirlenen hedefler yönetim tarafından mı yoksa işbirliği yoluyla mı belirlendiğinde daha sık yerine getirilir? Her ne kadar şaşırtıcı görünse de, araştırmalar iki durum arasında bir fark olmadığını göstermiştir. İşbirliği ile belirlenen hedefler veya yönetim tarafından belirlenen hedeflerin her ikisi de benzer sonuçlara yol açmaktadır. Bu nedenle katılım belirleyici bir faktör değildir. Önemli olan, çalışanların hedefleri kabul etmeleri ve bu hedeflere katkıda bulunmalarıdır. Bununla birlikte, hedeflere işbirliği içinde karar vermenin bireylerin katılımını sağladığını ve bazen kendileri için yöneticilerin belirlediğinden daha yüksek hedefler belirlediklerini belirtmek gerekir.

- **Yöneticilerin katılımı.** Departmanlardan sorumlu yöneticilere hedeflere ulaşma konusunda güven vereceğinden, işletme yöneticilerinin sürece dahil olması da hayati önem taşımaktadır.

MBO'DA ÇALIŞANLARIN ROLÜ

MBO kullanan bir şirkette performansı artırmanın, çalışanların belirlenen hedeflerini tanımalarını gerektirdiğini öğreneceksiniz. Her departmandaki yöneticilerin bu hedeflere ulaşmak için gereken eylemi net bir şekilde açıklaması da aynı derecede önemlidir. Bu hedefleri belirlemek üst düzey bir yönetim becerisidir. Bunu yapmak için belirli adımları izlemeniz gerekir:

Ne yapmam gerekiyor?

Her çalışana tamamlaması için görevler ve hedefler atanır. Görev dağılımı, örneğin çalışan niteliklerine dayalı olabilir.

Çalışanlarımı nasıl motive edebilirim?

İlk olarak, ilgili çalışanların performans seviyesini belirlemek önemlidir. Ardından, ulaşmaları gereken hedefleri belirleyebilir ve hedeflerini tamamlamak için sahip oldukları zaman dilimini belirleyebilirsiniz. Yönetici, bunları tamamlamak için gereken süreyi tahmin ederken her zaman gerçekçi olmalıdır.

Çalışanı aktif olarak dahil edin

Her ne kadar son bölüm bize çalışanların performans düzeyinin hedeflerin yönetim tarafından mı yoksa işbirliği içinde mi belirlendiğine bağlı olarak değişmediğini öğretmiş olsa da, çalışanları sürece dahil etmenin bir avantajı vardır: çalışanlar hedefleri daha kolay kabul edecektir. Ancak bu katılım samimi olmalıdır. Bir yönetici hedefleri belirlerken çalışanlara danışmak için zaman ayırıyorsa, onların fikirlerini gerçekten dinlemelidir. Bunu yapmamak performans üzerinde olumsuz bir etki yaratabilir.

Hedeflerini önceliklendirin

Belirlenen hedefleri zorluk ve önem sırasına göre sıralamak, çalışanların bu hedefleri uygun şekilde ele almasını sağlamak açısından önemlidir. Bu bir yandan bazı çalışanların sadece daha kolay görevleri kabul edip diğerlerini bırakmasını önler. Öte yandan, daha zor görevlerin üstesinden gelmeye istekli olan bireyleri tanımanın da bir yoludur (sonunda tam olarak yerine getirilmeseler bile).

Çok önemli geri bildirim

Bireyler ve yöneticiler arasında şimdiye kadar yaptıkları çalışmaları değerlendirmek için düzenlenen toplantılar aracılığıyla düzenli geri bildirim. Bu şekilde çalışanlar, çabalarının kendilerine verilen görevler için yeterli olup olmadığını bileceklerdir.

Nihai ödül

Çalışanlar çabalarının karşılığında bir ödül bekleyeceklerdir. Ancak, ödüllerin sadece harcanan saat sayısına değil, tamamlanan hedef sayısına bağlı olduğunu anlamalarını sağlamak önemlidir. Bu sayede çalışanların memnuniyet düzeyi yükselme eğilimi gösterir.

MODELİN SINIRLARI VE GENİŞLETİLMESİ

MODELİN SINIRLARI VE ELEŞTİRİLERİ

- **Sektörün belirsizliği.** MBO çok istikrarsız bir sektöre uygulandığında bazı sınırlara sahiptir. Aslında, modelin kurulması onu etkisiz hale getirecek kadar karmaşıklaştıracaktır. Örneğin, yaratıcılıkla bağlantılı sektörler (örneğin inovasyon, araştırma ve geliştirme, sanatsal üretim), hedefleri tanımlamak zor olduğu için modelle uyumsuzdur. Bir araştırmacı araştırmasını gerçekten belirlenmiş hedeflere göre organize edebilir mi? Yaptığı işin doğası düşünüldüğünde, hedefler konu dışı kalacaktır.

- **Çalışma yapılarının evrimi.** İşletmeler yavaş yavaş geleneksel yapılardan uzaklaşmaktadır: çalışanlar daha çok yönlü hale gelmekte, kendilerine belirlenen hedefler için başkalarına daha fazla bağımlı olmakta, artık organizasyon şemasının birden fazla bölümüne atanmaktadırlar, vb. Çalışanlar artık tek bir kişi tarafından yönetilmediği için bu değişiklikler MBO'yu riske atmaktadır ve bu da MBO'nun kullanımını büyük ölçüde zorlaştırmaktadır.

- **Çalışma ortamlarının evrimi.** Toplumumuz MBO'nun ortaya çıkışından bu yana pek çok evrim geçirmiştir. Başlangıçta yöneticiler sistematik olarak fazla iyimser olan uzun vadeli planlar yaptılar. Dahası, bu arada krizler çoğaldı (örneğin yetmişli yılların başındaki enerji krizleri veya 2009'daki finansal kriz). Birçok teknolojik gelişmeyi de içeren bu evrimler mevcut düzeni ve dolayısıyla yöneticilerin vizyonlarını boz-muştur. Önceden yapılan planlar artık uygun değildir.

Sürecin yapısal sınırlarının ötesinde, MBO'nun eleştir-menleri de vardır. William Edwards Deming (Amerikalı doktor ve istatistikçi, 1900-1993) için durum böyledir. Ona göre, MBO uygulaması çalışanların iş kalitesi üze-rinde olumsuz bir etkiye sahiptir. ÇalıĞan, iĞin kalite-sine dikkat etmeden, ne pahasına olursa olsun belirlenen hedefi tamamlamaya çalıĞır. Diğerleri, MBO'nun kişisel başarıyı motive etse de, bir bütün ola-rak ekip için faydalı olmayabileceğini söylemektedir: çalışan, şirketin genel hedeflerini unutarak sahip olduğu görevlere çok fazla odaklanabilir.

Uygulamada bu sorunların bazılarını düzeltmek müm-kündür. Bunu yapmak için yöneticiler tüm işlerin kali-tesi konusunda ısrarcı olmalıdır. Örneğin, bir araba satıcısı sadece satılan araba sayısını değil, aynı zamanda üst düzey modellerin satış sayısını da dikkate almalıdır. Bu sonuçlardan kaçınmak için, yöneticiler her zaman faaliyetleri denetlemeli ve hala geçerli oldukla-rından emin olmak için hedefleri gözden geçirmelidir.

UZANTILAR VE BENZER MODELLER

SMART hedefler

Bu, MBO modeliyle birlikte kullanılan bir anımsatma aracıdır. SMART yöntemi genellikle yöneticiler tarafından projelerini yürütmelerine yardımcı olmak için kullanılır. Ayrıca hedeflere göre yönetime de entegre edilebilir. Bir hedef, bireysel ve kolektif performansı ölçebileceğiniz bir gösterge içerir. Bu performans göstergesi Spesifik, Ölçülebilir, Ulaşılabilir, Gerçekçi ve Zamana Bağlı olmalıdır. Başka bir deyişle, bir hedef SMART olmalıdır.

Katılımcı yönetim

Bu yönetim yaklaşımı, işin bilimsel vizyonuna karşı çıkmakta ve insanların dar vizyonuna odaklanmaktadır. Katılımcı yönetim, işçinin bir araç değil, psiko-duygusal bir özne olduğu fikrine dayanır. İşletme aynı zamanda sosyal temsillerin yaratıldığı bir yerdir. Bu kavramın teorisyenleri, şirkette bir 'insani boyut' geliştirmenin önemini teyit etmektedir. Bu, katılımcı çemberler veya öneri kutuları ile yapılabilir. Bu evrimin amacı, yöneticilerin ekibin kendisini dahil etmeleri halinde hedeflerine daha kolay ulaşabileceklerdir. Bu yönetim yöntemini yerleştirmek için adil yönetimle bağlantılı ilkelere uyulmalıdır.

Adil yönetim

Adil yönetim ilkeleri, ekonomik performans ile bireye saygı arasındaki dengeye dayanır. Bu anlayış, yöneticiler ve çalışanlar arasında bir kazan-kazan ilişkisi kurmayı amaçlamaktadır. Bu yönetim türünü seçerek işletme, anlamlı ve açık, uyarlanmış, tutarlı ve ilerici bir organizasyona dayanan hırslı ve uyumlu bir dinamik oluşturmayı ummaktadır. Bu yöntemin temel avantajı enerji ve ekip yeteneğinin kullanılmasıdır. Kişiler arası ilişkiler hiyerarşi değil, karşılıklı saygı ve tanıma üzerine kurulur. Son olarak, adil yönetim, etkili değişiklikler yapabilen ve güçlü bir etik ve sosyal sorumluluk duygusuna sahip proaktif yönetimi teşvik eder.

Değer temelli yönetim

Bu yönetim türü MBO'dan önce ortaya çıkmıştır. İş kültürü fikrine dayanan bir teoridir. Bu yönetim türünün şirketin değerlerini değiştirmek için tasarlanmadığını ve şirket kültürünü değiştirmeye yönelik bir durum olmadığını bilmek önemlidir. Bunun yerine, değer temelli yönetimin ana noktası, performansı artırmak için şirket içindeki kültürün kullanılmasıdır.

Yetkinlik bazlı yönetim

Adından da anlaşılacağı üzere, bu tür yönetim, şirketi yöneten her bir bireyin becerilerine dayanır, onları yönetmez veya geliştirmez. Her çalışanın, kendisini istihdam eden yapının yararı için bir veya birkaç özel beceri geliştirmesi gereklidir. Bu yaklaşımın amacı, insan kaynaklarında iyi çalışmayı gerektiren ekibin insan sermayesini güçlendirmektir – vurgu, bireysel çalışanların becerilerinin ekibin iyiliği için kullanılmasıdır.

KAVRAMIN UYGULAMALARI

TAVSİYE

Bu bölüm, hedeflerle yönetim sürecini etkin bir şekilde uygulamak için atılan adımları bir araya getirmektedir. Uygulamaya ilişkin somut örnekler her bir adımı göstermektedir.

Hedefin formüle edilmesi

Bu ilk adım, ulaşılacak kesin sonucun ana hatlarıyla belirlenmesini ve bu sonuca ne ölçüde ulaşıldığını ölçebilecek ve doğrulayabilecek bir değerlendirme yöntemi üzerinde çalışılmasını içerir. Bu aşamada, üç soru (kim, ne, ne zaman) düşünce sürecine rehberlik edebilir.

Örnek:

- **Kim?** Bir online yemek siparişi sitesi.

- **Ne?** Müşteri sayısını %15 artırmak istiyor.

- **Ne zaman?** Bir yıl içinde.

Hedeflerin belirlenmesi

Örnek hedef, eylem planı ve bunu gerçekleştirmek için gereken araçlar ve destek belirtilerek daraltılabilir. Örneğin, yöneticilerden biri veya birkaçı hedef(ler)i yerine getirmek üzere görevlendirilir ve ara tarihler belirlenir.

Örnek: Yemek siparişi veren web sitemiz, hedefine ulaşmak için çevrimiçi tanıtım kullanmaya karar verir.

- Google'a bağlı sitelerdeki reklam alanı satın alımını izlemek için bir yönetici seçilir.

- İlk üç ayın sonunda ilk ilerleme değerlendirmesinin yapılması planlanmaktadır.

Planın doğru kullanımını sağlamak için altı kural

Hedef belirlemenin yanı sıra, bu altı kurala uymak da önemlidir:

- netlik

- alaka

- ölçülebilirlik

- son tarih

- ulaşılabilirlik

- Kabul.

Örnek: İşletmemiz söz konusu olduğunda, reklam departmanının yöneticisi aşağıdaki soruların tümünü sormalıdır.

- Beklenen sonuç somut, tanımlanabilir, anlaşılabilir mi ve yoruma yer bırakıyor mu?

- Şirket politikasıyla ilgili mi ve diğer kararlarla tutarlı mı?

- Kontrol edilebilir hale getiren gösterge önlemleri var mı?

- Son tarih, genel hedefe ulaşılması için kesin bir tarih mi yoksa her bir eylem için ayrı son tarihler mi?

- Ara eylem araçları yeterli mi (spesifikasyon aşaması) ve yöneticiler bunları gerçekleştirebilecek durumda mı?

- Hedeflerin gerçekleştirilmesinden sorumlu kişiler aynı fikirde mi?

Bu faktörlerin kontrolü iki şekilde yapılabilir: sürecin düzenlenmesi ve ilerlemenin izlenmesi.

Tüm bu sorular sorulduktan sonra yönetici, katılımcı karar almayı teşvik etmek üzere toplantılar düzenlemek için ekibiyle iletişime geçebilir. Örnek işletmenin durumunda, tüm pazarlama ekibiyle toplantılar düzenlenecektir. Daha sonra her kişi uygulamaya koymak üzere kendi fikirlerini ifade edebilir. Bu aşamada, bu toplantıların önemini hatırlamak hayati önem taşımaktadır. Bunları hazırlayan ve organize eden yönetici, şirket hedefine ulaşılmasına katkıda bulunan gerçek faydalar beklemektedir.

Geri bildirim

Bu geri bildirim sadece hedeflere ulaşmak için verilen zaman diliminin sonunda yapılmamalıdır. Çalışanlara verilen iş yüküne göre belirlenen hedeflerin ulaşılabilirliğini izlemek için süreç boyunca düzenli toplantılar planlanabilir.

Örnek: Reklam projesinden sorumlu müdür ile diğer müdürler arasında düzenli toplantılar düzenlenir. Bu toplantılar, departmana verilen kaynakların belirlenen hedeflere ulaşması için yeterli olup olmadığını değerlendirecektir.

Ödüller

Yapılan iş iyi kalitede ise ödüllendirilebilir. Ayrıca, kendisine hedefler verilen çalışanın bu ödülün hedeflerin tamamlanmasıyla doğrudan bağlantılı olduğunu anlaması önemlidir.

ÖRNEK OLAY İNCELEMESİ

Bugün dünya çapında tanınan iki şirkette MBO'nun ve genel olarak yönetimin uygulanmasına ilişkin bir örneğe bakalım. Bu uygulamaların, yöneticilerin MBO ile bağlantılı teorileri nasıl uyguladıklarına göre çok farklı olabileceğini göreceksiniz.

Elma

Steve Jobs'un (1955-2011) Apple'ın yöneticisi olduğu 1997-2001 yılları arasında, şirketin organizasyon stratejisi bilginin güçlü bir şekilde merkezileştirilmesine dayanıyordu. Herkes aynı kişiden emir alıyor, bu da bilgiyi şirketin istediği gibi dolaştırıyordu. MBO açısından, hedefler tek bir kişi tarafından belirleniyor ve bu kişi daha sonra talepleri her bir yöneticiye iletiyordu:

• Şirket hiyerarşisinin en tepesindeki kişiye doğrudan bağlı olan yöneticilerin hedefleri üstleri tarafından belirleniyordu;

- çalışanlar yöneticilerinin emirlerini yerine getirmiştir.

Yöneticiler, hedeflerine nasıl ulaşacakları konusunda çok az seçim özgürlüğünden yararlandılar.

Bu yöntem verimlilik ve hız açısından kendini kanıtladı. Bir hata yapıldığında:

- Sorumlular hatanın yapıldığı alanı hızlı bir şekilde tespit edebilir;

- farklı departmanlardan çalışanların davranışları üzerindeki etkisi doğrudan olmuştur: bu tür bir olay kurum kültürünü şekillendirir ve çalışanları nihai ürünü üretmeye zorlar.

Ancak bu modelin de sınırları var. Örneğin, özellikle sunulan ürünler çok çeşitli olduğunda, işi yürüten kişinin her yönü yönetmesi zordur. Bunun kanıtı, tüm Apple ürünlerinin aynı kalitede olmamasıdır: İlk nesil Apple TV ya da MobileMe, şirketin diğer ürünlerine kıyasla daha az başarılı.

Google

'Yönetim 2.0'ın öncülerinden olan Google yöntemi, ilk örnekten oldukça farklı bir MBO uygulaması sunuyor.

Firma her zaman akademisyenleri kayıran işe alım politikasıyla tanınmıştır. Kurucuları, her ikisi de 1973 doğumlu olan dahi bilgisayar mühendisleri Larry Page ve Serguei Brin, işe alımları kendileri yapmaktadır. Bir süre, burada işe girmenin ana kriteri doktora sahibi olmaktı, çünkü bu, çalışanlardan özerkliği garanti edecekti. Aslına bakarsanız akademisyenler yalnız çalışmaya ve üretken kalmaya alışkındır. Google'ın sistemi diğer pek çok şirkete göre çok daha ademi merkeziyetçi: hiyerarşiye dayanmak yerine çok sayıda bireye dayanıyor. Bu sistem bazı açılardan çok etkili olmuştur çünkü Google'ın Gmail veya Google Reader gibi bir dizi hizmet geliştirmesine olanak sağlamıştır. Sistem her bireyin kendi hedeflerini belirleme kapasitesine dayandığı için genel ve hiyerarşik organizasyona duyulan ihtiyaç daha azdır.

Bir kez daha, bu sistemin kusurları vardır. Merkezi olmayan bir şirket, koordineli bir yönlendirme olmadan, sürekli hareket ederek ve gösterilen çabaları baltalayarak bir felakete dönüşebilir. Bu durumda ana sınırlar görülmüştür:

- Şirketin belirli projelerinin ilerlemesinde. Örneğin, bazı hizmetler açıkça tanımlanmış muhataplardan yoksundu ve dağınık görünüyordu.

- Şirket büyüdüğünde ve organizasyonel sistemi gözden geçirmek gerektiğinde. O zamandan beri Google sadece doktora öğrencilerini işe almayı bıraktı. Yönetim yöntemleri ve hedef belirleme süreci de değişti.

ÖZET

- Hedeflere göre yönetim (MBO), hat yöneticilerinin ve çalışanlarının hedefler belirlediği ve bunları gerçekleştirmek için gereken eylemleri ve zaman çerçevesini müzakere ettiği bir süreçtir.

- Bu kavram ilk olarak ellili yıllarda, Amerikan şirketlerinin net bir organizasyon kurmakta büyük zorluklar yaşadığı dönemde ortaya çıkmıştır.

- Referans kitaplar: Peter Drucker tarafından yazılan *Hedeflerle Yönetim*, John William Humble tarafından yazılan Hedeflerle Yönetim ve Octave Gélinier tarafından yazılan *Katılımcı Hedeflerle Yönetim*.

- Avantajı: MBO doğru bir şekilde uygulanırsa, bir kuruluşun performansını ve çalışan memnuniyetini artırabilir.

- Dezavantaj: Bu tür bir yönetimin istikrarsız bir ortamda uygulanması zordur ve çalışma ortamındaki gelişmelere uyum sağlayamaz.

- Uzantılar: SMART modelleri, katılımcı yönetim, değer temelli yönetim ve yetkinlik temelli yönetim.

- Tavsiye: SMART yöntemini izleyin: bir hedef Spesifik, Ölçülebilir, Ulaşılabilir, Gerçekçi ve Zamana Bağlı olmalıdır.

- MBO, İK yöneticileri, satış yöneticileri, operasyonel yöneticiler, proje yöneticileri, iç ve dış danışmanlar vb. için tasarlanmıştır.

DAHA FAZLA OKUMA

KAYNAKÇA

Alexandre-Bailly, F., Bourgeois, D., Gruère, J-P., Raulet-Croset, N., Roland-Lévy, C. ve Tran, V. (2013) *Comportements humains et management.* [4. baskı]. Londra: Pearson.

Amaury. (2012) İşletme yönetimi: herkesin karşı çıktığı üç örnek. *De geek à directeur technique.* [Çevrimiçi]. [Erişim tarihi 25 Haziran 2014]. Erişim adresi: < http://www.geek-directeur-technique.com/2012/07/04/management-dentreprise-trois-exemples-que-tout-oppose>

Delavallée, E. (2009) Management par les objectifs. *Manager-par-les-objectifs.fr.* [Çevrimiçi]. [Erişim tarihi 25 Haziran 2014]. Erişim adresi: < http://www.manager-par-les-objectifs.fr/>

Drucker, P. (1954) *The Practices of Management.* New York: Harper & Row.

Gélinier, O. (1980) *Direction Participative Par Objectifs.* Paris: Éditions Hommes et techniques.

Guilbert, P. (2008) *Le B.A.-Ba du management.* Brüksel: De Boeck.

Humble, J. W. (1970) *Management by objectives in action.* Londra/New York: McGraw-Hill Book Co Ltd.

Pericchi, J. (1992) *Guide du Management.* Paris: Édition du Seuil.

Robbins, S. ve Decenzo, D. (2004) *Yönetim. L'essentiel des concepts et des pratiques.* Londra: Pearson Education.

Rodgers, R. ve Hunter, J. E. (1991) Hedeflere göre yönetimin örgütsel verimlilik üzerindeki etkisi. *Uygulamalı Psikoloji Dergisi.* 76(2).

Stahl, R. (2013) *Management, formation et travail en équipe. Pratiques issues du coaching et de l'intelligence collective.* Brüksel: De Boeck.

Sizden haber almak istiyoruz!
Çevrimiçi kütüphaneniz hakkında yorum bırakın
ve favori kitaplarınızı sosyal medyada paylaşın!

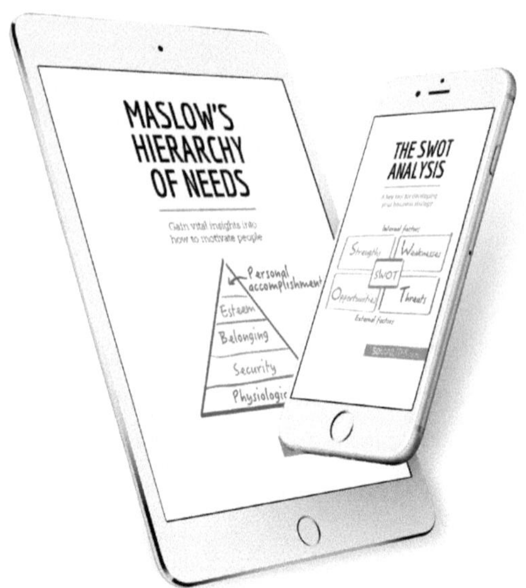

IMPROVE YOUR
GENERAL KNOWLEDGE
IN THE BLINK OF AN EYE!

www.50minutes.com

Yayıncı, yayınlanan bilgilerin güvenilirliğini garanti eder,
ancak sorumluluğunu üstlenemez.

Ana ISBN : 9782808600705
Kağıt ISBN : 9782808602150
Yasal depozito: D/2022/12603/216

Dijital tasarım: Primento, yayıncıların dijital ortağı.